A MONSIEUR

GUYOTIN L'AINÉ,

PROPRIÉTAIRE A RHEIMS.

Mon cher Oncle,

Accepte, je te prie, ce léger hommage de ma reconnoissance et de mon attachement.

L'ouvrage n'est pas considérable, il est vrai: mais la matière t'en paroîtra intéressante: il s'agit ici des Dames et de leurs droits si sacrés en France, et cette considération jointe à celle de ton goût pour les belles-lettres, m'a fait penser que tu recevrois avec plaisir ce foible essai

de ton respectueux et dévoué neveu,

J.-B. DROUET.

PREFACE.

Le brillant et volage Alcibiade, ramené à la fidélité conjugale par l'ingénieuse adresse d'un ami, voilà tout le fond de ce petit ouvrage. Je l'ai composé pour l'édification des maris, et pour la gloire du beau sexe, auquel on voit, chez nous, tout chevalier consacrer sa lance, et, tout poète, sa lyre.

PERSONNAGES.

ALCIBIADE.

DORIS, sa femme.

CLEON,
CLITANDRE, } amis d'Alcibiade.

LE GRAND PRÊTRE DE VÉNUS.

PRÊTRES, PEUPLE.

La Scène est à Athènes, dans le temple de Vénus.

Un Épisode

DE LA VIE D'ALCIBIADE,

OU

L'EPOUX VOLAGE,

DUPE DE LUI-MÊME.

(Le théâtre représente un temple de Vénus. La statue de la Déesse s'élève au milieu. Un autel est à ses pieds.)

SCENE PREMIERE.

ALCIBIADE, CLÉON.

CLÉON.

Alcibiade ici?...

ALCIBIADE.

Pourquoi t'en étonner?...
De mépriser les Dieux vas-tu me soupçonner?

CLÉON.

Mais.....

ALCIBIADE.

Tranchons là-dessus. Ma conduite est suspecte :
Je le sais. Mais, mon cher, au fond je les respecte.
Je ne vais pas, au moins, comme certain cafard,
Qui, frottant son minois d'un sacrilége fard,

Et, d'un zèle pieux n'ayant que l'apparence,
D'en imposer au ciel a conçu l'espérance,
Et l'outrage, à coup sûr, au lieu de l'honorer.

CLÉON.

Je le crois. Cependant, laisse-moi t'admirer :
A mes yeux, je te jure, à peine, je me fie.
Ta présence, en ce lieu, me charme et m'édifie ;
Et du Ciel il faut bien respecter le pouvoir,
Lorsqu'au pied des autels il arrive de voir
Un dévot de ta trempe.

ALCIBIADE.

                        Il faut te satisfaire.
Apprends donc, sans détour, qu'une importante affaire,
Plus qu'un saint mouvement m'attire en ce séjour.
C'est un rôle divin que je joue, en ce jour.
Ici, mon cher, il faut que je réconcilie
L'amour avec l'hymen.....

CLÉON.

                        Ah ! l'étrange folie !
On a, depuis long-temps, brouillé ces pauvres dieux :
Et toi-même.....

ALCIBIADE.

                        Je sais ; mais j'ai fait mes adieux,
Pour ce jour-ci, du moins, à cet amour volage,
Qui se rit des époux, même à la fleur de l'âge.
Voulant donner au monde une grande leçon,
Je médite un travail, dont, ma foi, la façon

A mon talent connu ne s'imputera guère.

CLÉON.

Qu'est-ce donc?

ALCIBIADE.

Cher Cléon, deux époux sont en guerre.

CLÉON.

Ah! j'entends; et tu veux faire voir au mari
Qu'il n'est qu'un sot.

ALCIBIADE, avec impatience.

Eh, non! Cet époux est chéri
De sa femme, pour qui son cœur est infidèle.

CLÉON.

Bon; tu vas au mari te donner pour modèle?....

ALCIBIADE.

Eh! non, non; maudit soit ce ton malicieux!....
Sois donc moins fou, Cléon!.... Vois, c'est délicieux;
Oui: ce tableau m'enchante; il rit à ma pensée.
D'un jeune libertin la femme délaissée
Arrive, tout en pleurs, au pied de cet autel,
Guidé par ton ami, ce coupable mortel,
La honte sur le front, le repentir dans l'ame,
A la face des Cieux, vient épurer sa flamme;
Des amans, à témoin, prend la divinité,
Et jure, à son épouse, amour, fidélité
Pour l'avenir!

CLÉON.

Vraiment; la scène est admirable;
Et, d'un serment si beau si l'effet est durable,
Le sénat des maris, pour un trait si charmant,
Te doit voter, de suite, un grand remercîment.

ALCIBIADE.

Que veux-tu?.... j'ai fait tort à la foi conjugale:
Il faut bien qu'au péché le repentir s'égale:
Et puis-je enfin, chez moi, le mieux faire éclater?....
Contre moi, l'on entend les maris s'emporter.
Mais si, parfois, j'ai pu troubler leur hyménée,
La paix, chez eux, par moi, désormais ramenée,
Effacera beaucoup de mes anciens écarts....
Pardon; à nos époux je dois quelques égards,
Je cours à leur rencontre.

SCENE II.

CLÉON.

(Il rit.)

Ah! ah!...., le tour risible!....
Il ne s'en doute pas; non: la chose est visible.
Comme il va, tout-à-l'heure, être mystifié!....
Car, de ce plaisant tour le plan m'est confié.
Après tout, c'est bien fait! Une épouse si tendre
A pareil traitement ne devoit pas s'attendre;
Et c'est avec douceur sûrement le punir.
A la vertu, d'ailleurs, s'il pouvoit revenir,
Il recevroit de nous un signalé service.

Ecarté, pour toujours, loin du sentier du vice,
Au sein d'un chaste hymen, qui peut seul rendre heureux,
On verroit cet esprit subtil et généreux,
Ce politique adroit, ce vaillant capitaine
S'attirer, dans nos murs, une gloire certaine,
Et, gouverné par lui, son pays fortuné
Rendroit grâces aux Dieux de nous l'avoir donné!

SCENE III.

DORIS, CLITANDRE, CLEON.

(Doris doit paroître très-émue et inquiète.)

CLITANDRE, à Doris, avec le ton de l'intérêt et d'un air respectueux.

Calmez-vous donc; allons, un peu plus d'assurance,
Madame: en votre cœur, une douce espérance
Doit tempérer la crainte.

DORIS.

O Clitandre, je sais
Combien sont hasardeux de semblables essais;
Et, malgré cet espoir dont vous m'avez flattée,
Par un secret effroi mon ame est agitée.
Pour regagner un cœur, ce trait artificieux,
Que de votre amitié le zèle officieux
Est venu suggérer à ma tendre tristesse,
Répugne, je l'avoue, à ma délicatesse.
A la nature seule, et non à ces détours,
D'un époux trop léger nous devons les retours.
Et, d'ailleurs, qui vous dit que pareille surprise,

A laquelle descend sa femme trop éprise,
Ne l'éloignera pas, loin de le rapprocher.
Alcibiade est fier ; il pourroit se fâcher.
O Dieu, que la froideur, dont sans cesse il m'accable,
Me montreroit encor le sort plus implacable
Pour l'être malheureux qu'il semble détester,
Si je pouvois paroître, à la fin, mériter
Sa haine, son mépris cruel autant qu'injuste !

CLÉON.

Non, Madame : Vénus et sa présence auguste,
Le serment qu'il va faire et nous qui l'entendrons,
On ne peut en douter ; oui, nous le contraindrons
A se montrer plus juste envers vous : notre adresse,
Après tout, ne fera qu'éveiller sa tendresse.
Il vous aime en effet, mais il est trop léger.
Toujours, de fleurs en fleurs on le voit voltiger :
Fixons-le près de vous : il deviendra fidèle.
A convertir Clitandre il va mettre un grand zèle.
Volage prétendu, Clitandre écoutera
Ce sévère docteur, qui le sermonnera ;
Puis de ses beaux discours nous nous ferons des armes,
Pour l'obliger enfin à céder à vos charmes.
Vous voyez : tout ira, comme on peut souhaiter.
En femme de Clitandre, on va vous présenter.
Oui ; vous serez sa femme, un moment : ce visage
Doit se cacher, d'abord, aux yeux de notre sage,
Sous le tissu serré de ce voile trompeur.
J'entends ses pas : allons, ferme, n'ayez pas peur.

SCÈNE IV.

ALCIBIADE, CLITANDRE, CLÉON, DORIS.

(Alcibiade donne la main à Doris, qui est voilée ; Clitandre, le
mari présumé tel, est près d'eux.)

DORIS, tremblante et vivement émue, dit, à part,
et d'une voix mal assurée.

Puisses-tu seconder ce pieux artifice,
O mère des amours !.....

ALCIBIADE.

                Cet agréable office,
Que mon bonheur me fait auprès de vous remplir,
Madame, me fera voir, j'espère, accomplir
Le plus cher de vos vœux. Et toi, mon cher Clitandre !
Songe, avant de parler, que Vénus va t'entendre,
Et que si tu manquois jamais à ton serment
Tu verrois sur toi fondre un affreux châtiment.
Un honnête mari doit, rempli de constance,
De son aimable épouse embellir l'existence,
Et par ses doux propos et par ses tendres soins,
De son sensible cœur remplissant les besoins,
Et toujours, dans son sein, conservant son image,
Il ne faut point qu'ailleurs il porte son hommage,
Fidèle amant encor, dans les nœuds de l'hymen.
Clitandre, à ton épouse, allons, donne la main.....
Surtout, en galant homme, il faut qu'on s'exécute.

        (Un peu d'hésitation feinte de la part de Clitandre.)

Allons, que l'on s'approche, et sans que l'on discute.

(Les deux prétendus époux approchent de l'autel; Alcibiade tient
toujours une main de la dame voilée. Il continue de parler.
Clitandre lâche la main de la dame, à l'insu d'Alcibiade, pen-
dant que ce dernier lui dit:)

Ecoute ce que va ma bouche prononcer.
Ensuite; mot pour mot, redis, sans rien passer,
Ce serment, qui s'apprête à frapper ton oreille;
Car le tien doit garder une teneur pareille.

(A Vénus, d'un ton pathétique.)

Ecoute. O toi, qui fais le charme de nos jours,
Je te jure, Vénus, de respecter toujours,
De chérir, d'adorer, d'avoir, pour seule amante,
Cette jeune beauté, cette femme charmante,
Dont j'ai trop méconnu les rares qualités.
A la trahir, un jour, si mes sens excités
Allument dans mon cœur une flamme adultère;
Je veux que ton courroux, ouvrant soudain la terre,
Me lance, sans pitié, dans l'infernale horreur.
Là, du tyran des morts je veux que la fureur,
Par des tourments nouveaux, sur mon ame parjure,
Envers elle, envers toi, punisse mon injure.....
De mille ans de douleur, que l'effroyable cours,
Sans me laisser l'espoir du plus léger secours,
Se répande sur moi comme un torrent de flamme,
Si ma légèreté trahit encor ma femme!

(Se tournant vers Clitandre.)

Allons, ami Clitandre, à ton tour!.... va, j'ai dit.
Eh! pourquoi donc rester immobile; interdit,
Bouche close, et l'œil fixe?.... Allons, allons, te dis-je!

SCÈNE V.

Dégourdis-toi, mon cher.....

CLITANDRE.

Quoi! mon ami m'oblige
A faire contre moi ces imprécations?....

ALCIBIADE.

Sans doute. Etouffe en toi de viles passions;
Sois fidèle à ta femme; et le courroux céleste
Ne te fera jamais un destin si funeste.

SCENE V.

LES PRÉCÉDENS, **LES PRETRES DE VENUS.**

(Ces derniers s'avancent revêtus de leurs plus riches ornemens.)

ALCIBIADE.

Fort à propos, voici les prêtres de Vénus.
Pour t'entendre jurer, ils sont, je crois, venus.
Tout n'en sera que mieux.

CLITANDRE.

Ma foi, jure toi-même.

ALCIBIADE.

Ah! du ciel, qui m'entend, si la bonté suprême
M'eût fait l'heureux mari d'une telle beauté,
Je n'aurois pas, sans doute, un moment, hésité!....

CLITANDRE.

Peut-être.

ALCIBIADE, avec feu.

Quoi, peut-être?.... ah! mon ame ravie
Voudroit qu'il m'en coûtât la moitié de ma vie,

Pour posséder, Clitandre, un bien si précieux.

(En regardant avec transport la dame.)

Dieux!.... quel air enchanteur, et quel port gracieux,
Quelle charmante main, quelle forme divine?....
Sous ce voile jaloux, ses traits, je le devine,
Rassemblent des trésors d'agrémens infinis.

CLÉON, à part, malignement.

Il l'adore, vraiment: les Dieux en soient bénis!....

ALCIBIADE, poursuivant avec vivacité.

A l'aspect si flatteur d'une telle merveille,
Il faut que dans toute ame, un tendre amour s'éveille.
Oui: cher Clitandre, ici je t'en fais le serment:
Si j'étois son époux, je serois son amant!....

DORIS, avec un transport involontaire et irréfléchi.

Ah! Seigneur, se peut-il?

ALCIBIADE.

                    Ah, quelle voix touchante!....
Oui, certes, tout en vous me transporte et m'enchante,
O chef-d'œuvre des cieux!.... Astre, dont la splendeur
Eblouit ma raison.....

CLITANDRE, à part.

                    Quelle bouillante ardeur!....
Ma surprise est extrême. Alcibiade, écoute.
Un tel enthousiasme inspire quelque doute.
Il pourroit bien, un peu, passer la vérité,
Pour entraîner d'abord un époux enchanté,

Et lui faire former des vœux fort téméraires.
Mais la nature est faible ; et ces champs funéraires,
Ces gouffres infernaux, ces tourmens éternels,
Faits, pour punir, dis-tu, les écarts criminels,
Où pourroit se livrer mon ame trop sensible,
Ne me laisseroient pas un seul moment paisible.
Dis-moi, mon cher, dis-moi, toi qui veux m'y forcer ;
Contre toi voudrois-tu toi-même prononcer
Ces imprécations, dont tout mon cœur frissonne.

ALCIBIADE.

Qui, moi ?.... pour posséder cette aimable personne ?....
On ne me verroit pas balancer un moment.
Je suis trop assuré qu'un objet si charmant,
Sans nul partage, auroit mon ame tout entière,
Et que jamais enfin Vénus n'auroit matière
A me précipiter dans le gouffre infernal.

CLITANDRE,

Vains propos d'un galant et compliment banal !

ALCIBIADE.

Tu me pousses à bout !.... Eh, bien ! donc je le jure :
Dans un semblable cas, si je suis un parjure,
Je me soumets, sans peine, à pareil châtiment !
Et si ma bouche encor ne redit ce serment ;
Dans le fond de mon cœur, au moins, je le répète.

CLITANDRE.

C'en est assez, ami, c'en est assez, arrête.
Voici le grand-pontife : il va tout arranger :

Toi, dans tous tes propos, songe à ne rien changer.

SCENE VI.

LES PRÉCÉDENS, LE GRAND-PONTIFE.

LE GRAND-PONTIFE à Alcibiade.

Je connois le serment, que vous venez de faire.
Au devoir qu'il prescrit vous devez satisfaire,
Ou craindre le courroux du ciel même insulté.
On sait, à cet égard, notre sévérité.
Athènes, avec nous, toujours poursuit l'impie
Et veut que par la mort, son parjure s'expie.
Sans doute, Elle craindroit qu'on ne vît sur son sein
Des maux les plus cruels fondre un fatal essaim,
Si d'un crime odieux sa faiblesse complice
Hésitoit, un moment, d'ordonner son supplice.
Malgré votre crédit, rien ne peut vous sauver,
Et nul dieu ne se laisse impunément braver.
Des Thébains on connoît le sort épouvantable
Et d'un roi malheureux la chute inévitable.
Cet exemple est terrible : il doit, dans votre cœur,
Jeter l'effroi puissant d'une juste rigueur.

ALCIBIADE, à part.

Ce langage bizarre a lieu de me surprendre.
Toi, qu'on me cite là, viens, Œdipe, m'apprendre
A démêler le sens de cet obscur discours !....
Mais aux morts ma détresse auroit en vain recours....
Laissons-les donc dormir, et perçons ce mystère.....

Je crains fort d'y trop voir, je ne puis me le taire :
Des amis obligeans, pour ma chère moitié,
De mon cœur refroidi réchauffant l'amitié,
Pourroient bien..... ce seroit une étrange malice.
Mais, tout amer qu'il est, avaler ce calice ?....
Après tout, pourquoi non ?.... tant d'honnêtes maris,
Sous un joug si pesant, semblent si bien nourris,
Si dispos, si gaillards, si contens de leurs femmes.....
Est-il tant de bonheur, dans des amours infâmes ?
Oh ! non : je le sais trop : le fait n'est pas douteux.
Parmi ces vils plaisirs, de lui-même honteux,
Tristement détrompé, souvent l'homme soupire
Après cette vertu, dont il a fui l'empire.
Ce n'est que sous ses lois qu'on trouve le bonheur.
Reprenons donc gaîment le chemin de l'honneur.
Il n'est rien de plus beau qu'un amour légitime ;
Et puis j'aime ma femme et surtout je l'estime ;
De ses attraits, au fond, je suis même charmé.
Tout-à-l'heure, on l'a vu..... me voilà réformé.
Oui : c'en est fait, je veux désormais vivre en sage.
Mais pourtant, avant tout, il faut voir son visage.
Ne précipitons rien. Je pourrois me tromper.

(Il va à la dame, et, lève doucement et, avec une timide hésitation,
le voile. Il la regarde en faisant un mouvement brusque, où il y
a un peu de dépit.)

Dieu ! c'est elle !.... j'enrage, ils m'ont bien su duper.
Les traîtres !.... mais montrons un peu plus de constance.
Sagesse, à l'avenir, règle mon existence.
Oui ; cessons d'outrager ce trésor de beautés,

Ce prodige d'amour, ces rares qualités!....
Non; mon retour ici ne sera pas factice.
De ton volage époux excuse l'injustice,
Femme adorable, va; je commence à sentir
Que, si ton amour veut croire à mon repentir,
Nous pourrons être heureux.

DORIS.

                       Ah! tu dois me connoître.
Dès l'instant, où j'ai dû te consacrer mon être,
Cher époux, à te plaire employant tous mes soins,
J'ai senti que pour moi le premier des besoins,
C'est de voir ton amour répondre à ma tendresse.
J'ai vu mille beautés, par leur coupable adresse,
M'enlever, tour-à-tour, le cœur de mon mari.....
Mon cœur, en gémissant, ne l'a pas moins chéri.
Loin d'imiter ses torts, sa femme inconsolable
Au poste de l'honneur étoit inébranlable.
J'attendois, en pleurant, qu'un heureux changement,
En fixant mon époux, me rendît mon amant.
Ce moment est venu: par l'orgueil abusée,
A mon faible mérite aurai-je la pensée
D'aller attribuer ce bien inattendu?
Non; l'honneur seul me rend ce que j'avois perdu.....
J'en rends grâces aux cieux, à mon époux lui-même,
Aux généreux amis, dont l'heureux stratagême
Pour moi vient de produire un si charmant effet!
Puisse de son destin mon mari satisfait
Offrir, en me montrant une amitié durable,

A tout mari futur un modèle admirable!

CLITANDRE, avec enthousiasme.

Ah! Madame, le cœur, fait du plus dur rocher,
J'en jure par Vénus, se laisseroit toucher,
En voyant ces attraits, cette grâce céleste,
Ces sublimes vertus......

ALCIBIADE.

Eh! te voilà bien leste!....
Calme un peu tes transports, Clitandre, mon ami.
Voyez comme il s'allume: ah! c'est plus qu'à demi
Que tu voudrois remplir, à ce qu'on voit, ton rôle!....

CLÉON.

Au plus vite, mon cher, éconduis-moi ce drôle,
Ou je tremble, ma foi, qu'il ne t'aille enlever
Ce trésor, que nos soins t'ont voulu conserver.

ALCIBIADE.

La vertu de Doris me laisse sans alarmes.
Au temps, où mes erreurs faisoient couler ses larmes,
Du sentier de l'honneur rien n'écarta ses pas.....
Ainsi, quand son époux à ses divins appas,
A ses vertus rendra le plus flatteur hommage,
Elle sera bien loin de parer mon image
Du burlesque ornement dont l'infidélité
Orne un méchant époux, qui l'a trop mérité.

(Au peuple.)

Et vous, qui dans ce lieu, m'êtes venus entendre,

Montrez, pour vos moitiés, un cœur fidèle et tendre ;
Et si du droit chemin vous avez pu sortir,
Imitez-moi, du moins, dans mon vrai repentir.
C'est en effet, Messieurs, un scandale effroyable,
Un abus monstrueux, que le sort pitoyable,
Que nous faisons souvent à ce sexe enchanteur.
De la beauté le nôtre, infâme séducteur,
S'étudie à lui tendre un piége inévitable ;
Ou bien du chaste hymen déserteur détestable,
Dans l'abîme il l'entraîne, en la décourageant.
Corrigeons-nous donc tous : oui ; le cas est urgent.
Notre vie, ici-bas, en sera plus paisible,
Et Minos, aux enfers, scrutateur inflexible,
Quand, la balance en main, il viendra nous juger,
Comme de nos travers, n'ira plus nous charger
Du mal que l'homme fait à la beauté commettre,
Aux lois de la pudeur s'il ne veut se soumettre.....
De mon sermon, Messieurs, excusez la longueur :
Mais la paix que déjà je goûte, au fond du cœur,
J'en veux glisser en vous le baume délectable.
Excusez, en faveur d'un vœu si charitable.

FIN DE LA COMÉDIE.